BEI GRIN MACHT SICH IHR
WISSEN BEZAHLT

- Wir veröffentlichen Ihre Hausarbeit,
  Bachelor- und Masterarbeit

- Ihr eigenes eBook und Buch -
  weltweit in allen wichtigen Shops

- Verdienen Sie an jedem Verkauf

Jetzt bei www.GRIN.com hochladen
und kostenlos publizieren

Bibliografische Information der Deutschen Nationalbibliothek:

Die Deutsche Bibliothek verzeichnet diese Publikation in der Deutschen National-
bibliografie; detaillierte bibliografische Daten sind im Internet über http://dnb.d-
nb.de/ abrufbar.

Impressum:

Copyright © 2017 GRIN Verlag
Druck und Bindung: Books on Demand GmbH, Norderstedt Germany
ISBN: 9783668423749

Dieses Buch bei GRIN:

https://www.grin.com/document/355966

Vincent Dibon

Ist es möglich künstliche Intelligenz auf menschliches Niveau zu bringen?

GRIN Verlag

GRIN - Your knowledge has value

Der GRIN Verlag publiziert seit 1998 wissenschaftliche Arbeiten von Studenten, Hochschullehrern und anderen Akademikern als eBook und gedrucktes Buch. Die Verlagswebsite www.grin.com ist die ideale Plattform zur Veröffentlichung von Hausarbeiten, Abschlussarbeiten, wissenschaftlichen Aufsätzen, Dissertationen und Fachbüchern.

Besuchen Sie uns im Internet:

http://www.grin.com/

http://www.facebook.com/grincom

http://www.twitter.com/grin_com

BACHELORARBEIT

zur Erlangung des akademischen Grades

„Bachelor of Science in Engineering" im Studiengang
Informatik/Computer Science

Ist es möglich künstliche Intelligenz auf menschliches Niveau zu bringen?

Ausgeführt von: Vincent Dibon

Schwechat, 27.02.2017

Kurzfassung

Diese Arbeit befasst sich mit dem Thema künstliche Intelligenz in Bezug auf menschliches Niveau. Sie umfasst den Versuch einer Begriffsdefinition für die Phrasen „künstliche Intelligenz" und „menschliches Niveau". Die Abgrenzung dieser basiert auf Gedanken aus der Philosophie, dem Duden und von Wissenschaftlern, wie Wolfgang Wahlster oder Alan Turing. Infolge dessen wird der Ansatz eines neuronalen Netzwerkes vorgestellt, welches eine technische Nachbildung des Menschlichen Denkprozesses simuliert. Verbunden mit der Evaluierung gegenüber der Begriffsabgrenzungen bildet dies den Hauptteil der Arbeit. Abschließend wird die Frage „Ist es möglich künstliche Intelligenz auf menschliches Niveau zu bringen?" im Resümee direkt beantwortet. Die dargebrachten Argumentationen basieren auf einer ausgeweiteten Literaturrecherche und intensiver Selbstbeobachtung. Die Probleme welche innerhalb der Recherche aufgetaucht sind waren, einerseits fehlendes Wissen über die genauen Abläufe im Gehirn und andererseits die, noch in den Kinderschuhen stehenden, neuronalen Netzwerke. In Zusammenhang mit der Begriffsdefinition von künstlicher Intelligenz, wird aufgezeigt, warum ein neuronales Netzwerk nicht als künstlich Intelligent angesehen werden kann. Trotz intensiver Suche kann diese Arbeit keine passendere Technik, zur Nachbildung eines Denkprozesses, finden und lässt zu dem Schluss kommen, dass die Wissenschaft eine falsche Richtung einschlägt.

Schlagwörter: menschliches Niveau, neuronales Netzwerk, Alan Turing, künstliche Intelligenz, Begriffsdefinition

Abstract

This paper is primarily concerned with the topic of artificial intelligence in respect to human standards. It covers the definition of the two phrases "artificial intelligence" and "human standard". Demarcation is based on thoughts originating from philosophy, linguistic and scientists including Wolfgang Wahlster and Alan Turing. Followed by a presentation of basic functional principle of neuronal networks, which acts as conceptual pattern for simulation of humanlike thought processes. This presentation in connection with an evaluation against the definitions covered in this paper, present the main part. Lastly in the résumé section the question "is it possible to take an artificial intelligence to human levels" is directly answered. Argumentation in this paper is based on extended literature research and intensive self-observation. Problems which surfaced during research have been insufficient knowledge about specific processes in the human brain and the prematurity of neuronal networks. In conjunction with the definitions, an answer is presented why neuronal networks are not entitled to be artificially intelligent. Although based on intensive research, this paper could not display a more suitable technical solution to the problem. The paper concludes that science is misdirected by neuronal networks.

Keywords: human level, neuronal network, Alan Turing, artificial intelligence, definitions

Danksagung

Der Dank für diese Arbeit geht besonders an meine Eltern, Zdena und Manfred. Weiter danke auch an dich Norbert für deine Unterstützung. Außerdem möchte ich noch Bettina, Sarah und Marlies danken, die mich in der kritischen Zeit so tatkräftig unterstützt und aufgemuntert haben. Ihr seid die Besten!

Letzten Endes möchte ich auch dir danken Patrizia, für all die schöne Zeit, die wir gemeinsam verbringen durften und die schönen Erinnerung die verblieben sind.

Vincent Dibon, 01.03.2017

Inhaltsverzeichnis

Begriffsdefinitionen

Da es im Umfeld der Intelligenzforschung, speziell in der künstlichen Intelligenzforschung an einer eindeutigen Definition der Begriffe fehlt, beschäftigt sich dieses Kapitel mit der Abgrenzung der relevanten Begrifflichkeiten. Basierend auf literarischer Recherche werden „künstliche Intelligenz" (siehe Kapitel 1.1) und menschliches Niveau (siehe Kapitel 1.2) erläutert. Diese werden als Grundlage für die Abgrenzung der Fragestellung - „Ist es möglich künstliche Intelligenz auf menschliches Niveau zu bringen?" – behandelt. Aufbauend auf dem Fundament der Begriffserklärung wird in späterer Folge die aktuelle Technik erläutert. Zuletzt wird diese mit der Begriffsdefinition evaluiert und die Fragestellung im Resümee (siehe Kapitel 5) beantwortet.

1.1 Künstliche Intelligenz

1.1.1 Duden

Der Begriff künstliche Intelligenz setzt sich aus dem Adjektiv künstlich und dem Substantiv Intelligenz zusammen. Der Duden erklärt den Begriff künstlich als „nicht natürlich, sondern mit chemischen und technischen Mitteln nachgebildet, nach einem natürlichen Vorbild angelegt, gefertigt, geschaffen" oder „natürliche Vorgänge nachahmend, nicht auf natürliche Weise vor sich gehend" (Duden 2014, ref.[1]). Weiter wird der Begriff Intelligenz als „Fähigkeit [des Menschen], abstrakt und vernünftig zu denken und daraus zweckvolles Handeln abzuleiten" beschrieben (Duden 2014, ref.[1]). Zusammenfassend und gekürzt würde dies – Ein mit technischen Mitteln nachgeahmtes, abstraktes und vernünftiges denken welches zu zweckvollem Handeln führt – ergeben.

1.1.2 Philosophie

Der erste Philosoph, welcher versuchte den Denkprozess zu analysieren war der Grieche Aristoteles. Er erschuf eine Art der Schlussfolgerung, welche er Syllogismen nannte. Er war der Begründer der Syllogistik. Die Syllogistik geht von 2 Prämissen aus die zu einer Conclusio führen. [2]

1. Alle Menschen sind sterblich. (1. Prämisse)
2. Alle Griechen sind Menschen. (2. Prämisse)
3. Alle Griechen sind sterblich. (Conclusio)

1948 definiert Alan Turing im „Manifesto of artificial intelligence" zwei Kategorien der Annäherung an die künstliche Intelligenz. Einerseits eine Top-down, andererseits eine Bottom-Up Lösung. [3] Ersteres korreliert mit dem Denkmuster von Aristoteles. Dieses wird symbolischer Ansatz genannt und bezieht sich auf ein fixiertes Vorwissen, vergleichbar mit den Prämissen, welche dann zu Erkenntnis führen, der Conclusio. Die philosophische

Begriffsdefinition würde demnach frei ausformuliert lauten: Eine Künstliche Intelligenz ist eine Instanz welche durch logisches schließen, am Menschen bemessene, richtige Schlussfolgerungen zieht.

Begründet durch den Menschen, da die Evaluierung der Prämissen eine Interpretation einer bereits Intelligenten Instanz Bedarf. Die Problematik besteht darin das nicht überprüft wir ob die Prämissen plausibel sind.

1. Alle Katzen sind Vögel
2. Alle Hunde sind Katzen
3. Alle Hunde sind Vögel.

1.1.3 Nach Wolfgang Wahlster

Prof. Dr. Wolfgang Wahlster ist CEO des deutschen Forschungszentrums für Künstliche Intelligenz. Er hat über 30 Jahre Erfahrung im Feld der künstlichen Intelligenzforschung und kooperiert eng mit dem Alphabet Konzern, speziell Google. Google untersucht ebenfalls künstliche Intelligenz seit Jahren. Dr. Wahlster erläutert in einem „CeBIT future talk", nach dem 3:1 Sieg von AlphaGo über Lee Se-dol, dass die künstliche Intelligenz als Zusammenspiel mehrerer Teilbereiche gesehen werden muss, welche die verschiedenen Fähigkeiten des Menschen reflektieren. Die referenzierten Teilbereiche umfassen die kognitive Intelligenz, die sensomotorische Intelligenz, die emotionale Intelligenz und die soziale Intelligenz. Erst durch, eine von Wahlster sogenannte, Sinnesfusion, kommt es zur Intelligenz. Weiter erläutert er die Schwierigkeiten einer Sinnesfusion, [4] welche mit dem Paradoxon von Moravec korrelieren. Moravec beschreibt den Anstieg an Rechenleistung mit Abnahme der für den Menschen komplexen Handlungen. So ist die Bewegung und Koordination des Körpers mit höherem Rechenaufwand verbunden als hoch komplexe Schlussfolgerungen. [9] Die Aufteilung der Intelligenz von Wahlster reflektiert wiederum Howard Gardners Theorie der multiplen Intelligenzen. [10]

1.1.3.1 Kognitive Intelligenz

Kognition beschreibt das Strukturieren und Restrukturieren von Wissen. Vermehrt noch dessen unterliegenden mentalen Prozess mitunter der Beachtung der Geschwindigkeit des Prozesses. Außerdem beschreibt sie den Vorgang der Wahrnehmung und Aufmerksamkeit. [5] Eine grobe Unterteilung geht aus dem Werk von S. Ian Robertson, welcher die Probleme der Kognition mit bekannten Versuchen wie den Türmen von Hanoi untersucht, hervor. Er gruppiert Probleme des Wahrnehmens, des Denkens, des Lernens, des Erinnerns, der Motivation, der Konzentration, der Verarbeitungs- und Handlungsgeschwindigkeit. [6]

1.1.3.2 Sensomotorische Intelligenz

Sensomotorische Intelligenz beschreibt die Fusion von Motorik und Sensorik. Diese basiert auf den Reizen der Empfangsorgane und deren ausgelösten Prozesse im Körper, Hirn und

Nervensystem. Weiterführend auch die Reaktion auf ein bestimmtes Umweltereignis, mit Anknüpfung einer dadurch ausgelösten Handlung. Außerdem beschäftigt sich die Sensomotorik auch mit der Schwierigkeit der Restrukturierung von bereits innigen Bewegungsabläufen. Demnach ist ein bereits falsch gelernter Prozess schwieriger auszubessern, als einen neuen Prozess zu erlernen. [7] Im Pädagogischen Umfeld der Entwicklungstheorie, genauer im Entwicklungsstufenmodel nach Piaget, wird die Sensomotorische Intelligenz als Basis für Kognitive Intelligenz postuliert. Das Modell besteht aus 6 Stufen welche von jedem Kind zwischen der Geburt und dem zweiten Lebensjahr durchlaufen werden muss. [8]

1.1.3.3 Emotionale Intelligenz

Basierend auf der Interpersonellen Intelligenz, aus den multiplen Intelligenzen von Gardner, [10] erweitert Goleman diese zur Emotionalen Intelligenz. Erstmalig eingeführt wurde der Begriff Emotionale Intelligenz von John D. Mayer und Peter Salovey im Jahre 1990. Goleman beschreibt Emotionale Intelligenz als wichtige Fähigkeit um beruflich und privat erfolgreich zu sein. In diesem Zusammenhang erläutert er fünf Merkmale, welche zur Emotionalen Intelligenz führen.

1. Die eigenen Emotionen erkennen
2. Emotionen der Situation anpassen
3. Emotionen zielgerichtet lenken
4. Empathie
5. Gestaltung von Beziehungen zu anderen Menschen

Besonders Punkt 5 und 4 werden von Goleman fortlaufend zusammengefasst um den Begriff der Führungsfähigkeit - „Leadership ability" - zu bilden. [11] Die Führungsfähigkeit betrifft größtenteils auch die soziale Intelligenz, da im modernen Firmenumfeld von sogenannten „soft skills" die Rede ist. Diese lassen über den Ausprägungsgrad der sozialen Intelligenz schließen.

1.1.3.4 Soziale Intelligenz

Die soziale Intelligenz lässt sich über den Begriff der Gruppe abgrenzen. Sie beschreibt die Fähigkeit eine Dynamik oder eine emotionale Stimmung in einer Gruppe zu erfassen. Grundlegend durch die eigene Emotionale Intelligenz und angewendet auf mehrere Personen kann die Führungsfähigkeit die Emotionen in einer Gruppe lenken oder verstärken. Durch diese Anwendung agiert eine Person sozial Intelligent. Der Kapitän eines Fußballteams motiviert die Mitspieler nach einem erzielten Tor. Er verstärkt damit den Willen der Leistungserbringung in der Gruppe. Der Kapitän hat sozial intelligent gehandelt, da er eine positive Stimmung des Teams gespürt und verstärkt hat.

1.1.4 Zusammenfassende Begriffsdefinition – künstliche Intelligenz

„Ein mit technischen Mitteln, am natürlichen Denkprozess orientiertes, abstraktes und vernünftiges Schlussfolgern, welches unter Zusammenführung verschiedener Teilkompetenzen zu zielgerichtetem, verständnisvollem Handeln führt, um sich selbst oder sein Umfeld zu beeinflussen und gegebenenfalls von sich selbst oder vom Umfeld reflektiert und akzeptiert werden zu können."

Die Begriffsdefinition bezieht sich auf künstliche Intelligenz im Zusammenhang mit Menschen oder Objekten, welche als Umfeld postuliert werden. Die Teilkompetenzen umfassen die von Wolfgang Wahlster beschriebenen Intelligenzen. Verständnisvolles Handeln erläutert nicht nur, das verstehen von Zusammenhängen, sondern auch die Auffassung von sich selbst – „Self-awareness". Vernünftiges Schlussfolgern, bezieht sich auf die Gebote der menschlichen Ethik. Zielgerichtetes Handeln und die Reflektion dessen, soll einer künstlichen Intelligenz außerdem eine Evaluierungsmöglichkeit bieten um den Grad der Zielerfüllung zu Erfahren und die Möglichkeit bieten Maßnahmen für dessen Verbesserungsprozess einzuleiten. Akzeptanz gibt der Künstlichen Intelligenz, die Bestätigung, dass sie auch vom Umfeld als intelligent wahrgenommen wird. Erweitere Ausführungen sind unter Punkt 3. einsehbar.

1.2 Menschliches Niveau

Um die Fragestellung beantworten zu können muss ebenfalls eine Schwelle definiert werden, ab welcher die künstliche Intelligenz als menschenähnliche Intelligenz angesehen werden kann. Zum Vergleich von menschlicher Intelligenz wird oft der Intelligenz Quotient herangezogen. Dieser ist aufgrund der Heterogenität zwischen Menschen und Maschinen nicht einsetzbar. Begründet durch einerseits dem Moravec'schem Paradoxon (siehe 1.1.3), [9] andererseits durch das Fehlen von Parametern, wie zum Beispiel einem Alter oder Gesellschaftsgruppe.

Einen ersten Anfang machte 1950 Alan Turing, mit seinem Turing Test. Dieser gilt bis dato als ungelöst, mit Ausnahme des Scripts Eugene. Eugene wurde aber als nicht rechtmäßige Lösung angesehen, da es einen 13-Jährigen Jungen aus der Ukraine simulierte und dadurch die Jury getäuscht hat. [12]

1.2.1 Turing Test

Der berühmteste Test im Feld der künstlichen Intelligenzforschung, wurde von Alan Turing als Spiel zwischen zwei Menschen und einem Computerprogramm beschrieben. Die Funktionsweiße des, oftmals als „Imitation Game" falsch postulierten, Spieles besteht darin einem menschlichen Spieler und einem Computerprogramm Fragen zu stellen. Der Fragesteller ist räumlich von den Kontrahenten getrennt und die Kommunikation erfolgt über ein Eingabeterminal, wie zum Beispiel einem Bildschirm mit Tastatur und Maus. Demnach soll der Fragesteller keine beeinflussenden Informationen über den Menschen oder das Computerprogramm im neben Zimmer erlangen. Kann der Fragesteller am Ende des Gespräches nicht, mit Klarheit, das Computerprogramm vom Menschen unterscheiden, so gilt das Programm als künstlich Intelligent. Der Originaltitel des Spiels, nach Alan Turing, war „Computing machinery and intelligence". Die Erweiterung des Turing Tests enthält außerdem multimediales Material und ist als erweiterter oder kompletter Turing Test bekannt. [12]

1.2.2 Lovelace 2.0 Test

Professor Mark O. Riedl der Georgia Tech School of Interactive Computing, beschreibt eine Erweiterung des 2001 publizieren Testverfahrens, dem Lovelace Test. Er wurde zu ehren von Ada Lovelace benannt, stammt aber nicht von dieser. Die Grundannahme des Tests befasst sich mit der These, das echte Intelligenz ein Produkt von Kreativität sei. In der Erweiterten Form beschreibt Riedl eine Aufgabenstellung, welche das Computerprogramm kreativ lösen soll. Ein Beispiel für eine Aufgabenstellung ist das erzählen einer Geschichte von Katz und Maus. Ist die Aufgabe ausreichend gelöst, wird eine nächst schwierigere Geschichte erwartet. Zum Beispiel eine Geschichte von Hund, Katz und Maus. Der Lovelace 2.0 Test ist im Gegensatz zum Turing Test eine Messung des Grades der Intelligenz. Der Test geht davon aus, dass alle Probanden in gewisser form intelligent sind. [13]

1.2.3 Gemessen an der menschlichen Gesellschaft

Abgesehen von den unter Punkt 1.2.1 und 1.2.2 aufgeführten Testverfahren, muss eine künstliche Intelligenz im Rahmen der menschlichen Gesellschaft anerkannt werden. Professor Stefan Woltran von der Technischen Universität Wien beschreibt die künstliche Intelligenz mit einem Sinnbild.

„Das Verhalten von Vogel und Flugzeug beruht auf den Gesetzen der Aerodynamik – insofern kann man durchaus einiges über Flugzeuge lernen, wenn man Vögel genau studiert. Doch dann gibt es Dinge wie Düsenantriebe oder Verbrennungsmotoren, die man sich nicht von der Natur abschauen kann. So ähnlich ist es mit Intelligenz und Logik, meint Stefan Woltran. Wenn wir analysieren, wie unser eigenes Denken funktioniert, kann man interessante Dinge erfahren. Doch wenn künstliche Intelligenz gewisse Aspekte der menschlichen Intelligenz nicht abdeckt und dafür andere Formen von Intelligenz zeigt, die uns Menschen fremd erscheinen, dann sollte uns das nicht stören. Vielleicht ist Maschinenintelligenz anders, als Intelligenz kann man sie trotzdem bezeichnen." (WOLTRAN 2015, ref [14]) Jeff Heaton beschreibt einen ähnlichen Ornithopter - Vogel vergleich in seinem Buch AIFH, Volume 1: Fundamental Algorithms.[16]

Daraus erschließt sich eine Evaluierung der Menschen über die künstliche Intelligenz. Falls ausreichend Menschen ein Computerprogramm als intelligent ansehen, kann man diesem, künstliche Intelligenz zusprechen, auch wenn es keine Menschliche Intelligenz ist. Eine mögliche Schlussfolgerung des Sinnbildes ist: Das Flugzeug ist eine, mit technischen Mitteln, am natürlichen Flugprozess des Vogels orientierte Nachbildung. Trotzdem akzeptiert die Gesellschaft den Flugprozess des Flugzeugs ebenfalls als Fliegen. Sinngemäß umgelegt auf eine künstliche Intelligenz wäre: Eine Diversifikation des Denkprozesses ist nicht ausschlaggebend über die Akzeptanz der künstlichen Intelligenz in der menschlichen Gesellschaft und könnte von dieser als Intelligent angesehen werden.

1.2.4 Zusammenfassende Definition

„Eine Maschine hat menschliches Niveau erreicht, sobald sie dem Menschen ähnliche Denkprozesse aufweist. Diese können kreative Ausprägungen haben und sollten ein nicht vom Menschen differenzierbares Handeln als Ergebnis haben."

Abgesehen von dem Denkprozess hinter einer Handlung, sobald ein Mensch die gleiche Handlung in einer vergleichbaren Situation durchführen würde, müsste das menschliche Niveau teilweise erreicht sein. Sinngemäß, eine Gruppe ist nur so stark wie ihr schwächstes Mitglied. Demnach wäre die Schwelle, für menschliches Niveau, Handlungs- und Situationsspezifisch. Die Komplexität besteht nicht darin zu zeigen, dass ein Programm intelligent ist, sondern zu zeigen, dass es für eine spezifische Handlung nicht intelligent ist. Hat man nun eine Summe an dem Menschen möglichen spezifischen Handlungen in jedem der unter Punkt 1.1.3 angeführten Teilkompetenzen, und es kann nicht wiederlegt werden, dass eine Handlung unmenschlich wäre, gegeben einer vergleichbaren Situation, dann ist das Menschliche Niveau zur Gänze erreicht.

Beispiel: Eine Testperson und ein Computerprogramm sind Partner beim Activity spielen. Würde die Person einerseits fähig sein aus jedem Teilbereich, zeichnen, erklären und darstellen etwas zu erraten, was das Computerprogramm hervorbringt und andererseits das Programm fähig sein in derselben Situation, etwas zu erraten, was der Partner hervorbringt, so müsste die künstliche Intelligenz auf jeden Fall menschliches Niveau in Activity erlangt haben.

2 Nachbildung des Denkprozesses

Nach der Definition, wird in diesem Kapitel die Funktionsweiße und der aktuelle Stand der Technik erläutert.

2.1 Neuronale Netzwerke

Wie Herr Wahlster in seinem Interview erwähnte, erleben Neuronale Netzwerke derzeit einen neuen Aufschwung. Als Grund dafür, wird die neuen Möglichkeiten des „deeplearnings" betitelt. Deeplearning ist charakterisiert durch eine große Anzahl an Hidden Layers. [4] Die nachfolgenden Punkte sollen Aufschluss über die zugrundeliegende Mathematik und Funktionsweiße eines Neuronalen Netzwerkes geben. Schematisch werden Neuronen als Ellipsen dargestellt und Synapsen als Pfeile. Neuronen bestehen aus einer

Aktivierungsfunktion, welche ein Neuron zum Feuern bewegt. Synapsen sind Gewichtungen, welche als veränderbare Größe für den Lernerfolg ausschlaggebend sind. [15]

2.1.1 Neuronale Netzwerk Aktivierung

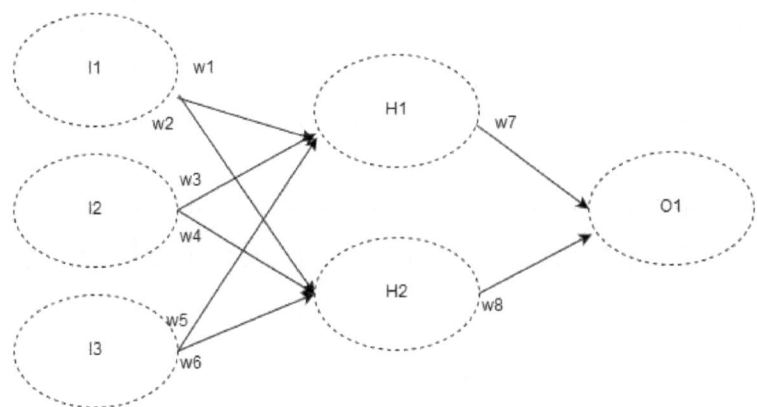

Abbildung 1: Beispiel für die Schematische Darstellung eines feed forward Netzwerkes.

I1 – I3 wird der Input Layer genannt, H1 und H2 der Hidden Layer und O1 der Output Layer. Um eine Aktivierung des Neurons H1 zu erzielen muss die Aktivierungsfunktion mitunter Rücksichtnahme der anliegenden Gewichtungen errechnet werden (1). Dieses Schema wir repliziert bis der Wert von O1 erreicht wird. Diese Art von neuronalem Netzwerk wird feed forward genannt, da die Ergebnisse der einzelnen Neuronen wieder an die nächste Schicht weitergegeben werden. [15]

$$H1 = A(\sum_{i=0}^{n} (I_i w_i)) \qquad (1)$$

Als Aktivierungsfunktion A wird Großteils entweder die Hyperbolic Tangent Funktion (2) oder die Sigmoid Funktion (3) verwendet. [15]

$$f(x) = \frac{e^{2x} - 1}{e^{2x} + 1} \qquad \text{(2) Hyperbolic Tangent}$$

$$f(x) = \frac{1}{1 + e^{-x}} \qquad \text{(3) Sigmoid}$$

Die Sigmoid Funktion (3) wird bevorzugt bei rein positiven Werten und kann bei diesen eine bessere Performanz bieten. [15]

2.1.2 Fehler Kalkulation

Im Beispielnetzwerk wird nun die Art des supervised learnings herangezogen. Es besagt, dass für die Inputwerte des Trainings Sets jeweils dazugehörige Ergebnisse bereits vorhanden sind. Um eine stetige Verbesserung zu erreichen und um den Lehrerfolg zu sichern, muss während des Trainings ein Abgleich zwischen dem Idealwert und dem erhaltenen Wert für ein Neuron kalkuliert werden. Es wird von einem Lokalen Fehler gesprochen, manche Lektüren ziehen in diesem Zusammenhang auch das Wort Kosten vor. Die lineare Fehlerfunktion (4) beschreibt mit i den Idealwert und mit a den aktuellen Wert eines Neurons.

$$E = (i - a)$$

(4) Lokale Fehlerfunktion

Danach muss der Globale Fehler errechnet werden um den Lernerfolg mit darauffolgenden Iterationen vergleichbar zu machen. Die verbreitetste Methode heißt Mean Square Error (5). [15]

$$MSE = \frac{1}{n} \sum_{i=0}^{n} E_i^2$$

(5) MSE

2.1.3 Training des Neuronalen Netzwerkes durch Backpropagation

Nachdem ein Globaler Fehler errechnet ist, kann mit der Optimierung der Gewichte begonnen werden. Eine Optimierung, zum Beispiel Backpropagation ist Rückwirkend zum Fehler, sie startet vom Output Layer. Der Algorithmus beansprucht immer die Ableitung der Aktivierungsfunktion, Beispielhaft mit der abgeleiteten Sigmoid Funktion (6) dargestellt. [15]

$$A(x) = \frac{1}{1 + e^{-x}}$$
$$A'(x) = A(x) * (1 - A(x))$$

(6) Sigmoid abgeleitet

Folglich muss mit der abgeleiteten Sigmoid Funktion (6) nun ein Delta kalkuliert werden, welches für jeden Layer spezifisch ist, es gilt zu differenzieren zwischen dem Neuron des Output Layers (7) und den Neuronen des Hidden Layer (8). [15]

$$\delta_i = -E A_i{}'$$

(7) Delta für Output Layer

$$\delta_i = A_i{}' \sum_k w_{k_i} \delta_k$$

(8) Delta für Hidden Layer

Nachdem Deltas kalkuliert wurden, kann der Gradient errechnet werden. Es muss der Fehler, mit Rücksicht auf die individuellen Gewichte, abgeleitet werden (9). Klein k beschreibt das Zielneuron und i das Ausgangsneuron der Synapse. [15]

$$\frac{\partial E}{\partial w_{(ik)}} = \delta_k o_i \qquad \text{(9) Gradient}$$

Die Gradienten ermöglichen nun einen Abstieg bis zum absoluten Minimum, der Fehlerfunktion. Je weiter der Gradienten Abstieg voranschreitet, desto kleinere Fehler produziert das Neuronale Netzwerk. [15] Der Gradienten Abstieg ist Notwendig um den Aufwand für die Adjustierung der Gewichte auf eine erträgliche Dauer zu verkürzen. Im Vergleich dazu würde eine genaue Errechnung für alle Gewichte, die Rechenzeit exponentiell erhöhen pro Gewicht. Grafisch gesehen erschließt jedes Gewicht eine neue Dimension. Eine Unterteilung von Zielneuron und Ausgangsneuron entfällt, da man nun den Richtigen Gradienten für das jeweilige Gewicht hernehmen kann.

Um ein Gewicht zu verändern, muss der Gradient in (9), multipliziert mit einer Lernquote Epsilon, zur Änderung des Gewichtes der letzten Iteration, welche mit dem Geschwindigkeitswert Alpha multipliziert wird, addiert werden. Beschrieben in der Gleichung (10) und schematisch in Abbildung 2 dargestellt. [15]

$$\Delta w_t = \epsilon \frac{\partial E}{\partial w_{(t)}} + \alpha \Delta w_{(t-1)} \qquad \text{(10) Gleichung für die Gewichtsveränderung}$$

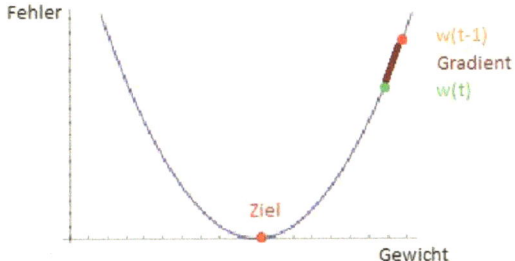

Abbildung 2: Schematische Darstellung eines Gradienten Abstiegs für ein einzelnes Gewicht.

Die Lernquote regelt die Geschwindigkeit des Lernprozesses. Jedoch eine zu hohe Lernquote, meist über dem Faktor 1, hat die Auswirkung, dass der Gradient den Tiefpunkt nie erreichen kann. Er springt von einer Seite der Parabel, über den Tiefpunkt, auf die andere und wieder zurück.

Zu diesem Zeitpunkt sind die Basisfunktionen des Neuronale Netzwerk abgedeckt. Es kann mit normalisierten werten aus Training Sets trainiert werden. Die Input Werte für ein neuronales Netzwerk entsprechen einem Array mit Floating Point Werten.

2.1.4 Modellierungs Problem

Die Aufgabe des Neuronalen Netzwerkes ist höchstspezifisch. Ein großes Problem besteht darin ein Problem der realen Welt, für einen Maschinen lern Algorithmus akzeptabel, zu modellieren. Abstrakt gesehen wird jedes Problem in eine von 4 Kategorien modelliert.

2.1.4.1 Datenklassifizierung

Ist eine Methode des supervised learnings. Sie versucht durch eine hohe Anzahl an Testfällen mit erwarteten Ergebnissen, das neuronale Netzwerk darauf zu trainieren, sodass es auch bei Testfällen, die keine erwarteten Ergebnisse mitliefern, eine korrekte Klassifizierung vornehmen kann. [16] Gegeben sei ein neuronales Netzwerk mit 3 Input Neuronen und einem Output Neuron, siehe Abbildung 1. Angestrebt wird die Klassifizierung nach Farbe, mit dem Rot-, dem Grün- und dem Blauwert (RGB) als Input, siehe Abbildung 3.

```
255, 0, 0, "Rot"
255, 83, 13, "Rot"
255, 255, 0, "Gelb"
217, 225, 40, "Gelb"
```

Abbildung 3: Beispielhafter Auszug aus einem Testest für simple Farbklassifizierung, nicht normalisiert.

Wird nun das Testset auf beispielhafte 1000 einzigartige, zufällige RGB Kombinationen mit Farbe, erweitert, versucht man damit die restlichen 16580357 Fälle ebenfalls kategorisieren zu können.

2.1.4.2 Regressionsanalyse

Eine Regressionsanalyse wird herangezogen, wenn der Output einen Zahlenwert, anstatt einer Klasse, als Ergebnis hat. [16] Gegeben sei das Neuronale Netzwerk aus Abbildung 1. Es wird der durchschnittliche Verbrauch pro Kilometer für verschiedene Kraftfahrzeuge vorhergesagt. Als Input dient die Länge der zu fahrenden Strecke in km, die Motorleistung in PS und das Gesamtgewicht des Vehikels in Tonnen, siehe Abbildung 4.

```
PS , Strecke, Gewicht, L/KM

120, 120, 2, 10
80, 120, 1, 6
610, 80, 1.5, 12
540, 500, 40, 35
```

Abbildung 4: Beispielhafter Auszug aus Testest für L/Km Vorhersage, nicht normalisiert.

2.1.4.3 Clustering

Verhält sich ähnlich gegenüber der Klassifikation. Der Unterschied besteht darin, dass die Methodik des lernen unsupervised ist. Es bestehen keine Testsets mit vorgegebenen Ergebniswerten anhand der sich eine Klassifizierung ableiten könne. Der Benutzer des Neuronalen Netzwerkes muss vor dem Einsatz eine fixierte Anzahl an Cluster definieren. Der Sinn hinter Clustering ist dem Neuronalen Netzwerk die Freiheit zu geben Ähnlichkeiten in den Inputdaten zu finden und Gruppierungen festzulegen. [16] Anhand eines Testsets ähnlich zu dem angeführt in Abbildung 4, kann ein Neuronales Netzwerk die Kraftfahrzeuge in Verbrauchsgruppen von niedrig bis hoch zusammenfassen. Clustering wird vermehrt angewendet bei Analyse von Big Data, da man nach Ähnlichkeiten in großen Datenmengen sucht ohne Ergebnisse vorgegeben zu haben.

2.1.4.4 Zeitreihenanalyse

Die Zeitreihenanalyse nimmt Bezug auf die Zeitliche Abfolge von Input Daten. Sie wird bei vorhersagen von Aktientrends verwendet. [16]

2.1.5 Datennormalisierung

Um ein neuronales Netzwerk erfolgreich mit Inputdaten zu versorgen, müssen Beobachtungswerte aus der realen Welt, eine auf dem Neuronalen Netzwerk verständliche Art, dargebracht werden, [16] siehe Abbildung 5. Weiter muss der Output des Neuronalen Netzwerkes wiederum in menschenverständliche Form umgewandelt werden, siehe Abbildung 6.

Abbildung 5: Schematischer Ablauf von Normalisierung.

Abbildung 6: Schematischer Ablauf von Denormalisierung.

Die Methoden der Normalisierung sind abhängig von der Daten Art. Demnach ist eine Normalisierung für den in Abbildung 5 gezeigten nicht normalisierten Input eine Division durch den Maximalwert 255 (11). (Der maximale RGB Wert einer Farbe entspricht 255).

$$f(x) = x/255$$

(11) Normalisierungsfunktion

Um eine Denormalisierung zu ermöglichen, Kann ein simples Alphabet Γ aus den Frabklassen erstellt werden (12), welches den normalisierten Output auf ein Wort im Alphabet anwendet. Z in (12) entspricht der Menge der ganzen Zahlen mit 0.

$$\Gamma = \{Rot, Grün, Blau, Gelb, Rosarot\}$$
$$\Gamma(x * 10) \xrightarrow{yields} Outputklasse$$
$$(x * 10) := \max\{k \in (Z < |\Gamma|)| \, k \leq x\}$$

(12) Alphabet Γ

3 Evaluierung der Technik an den Definitionen

Um die Fragestellung zu beantworten bedarf es einer Evaluierung der Technik gegenüber den unter 1. definierten Begrifflichkeiten.

3.1 Ist ein Neuronales Netzwerk künstlich Intelligent?

„Ein mit technischen Mitteln, am natürlichen Denkprozess orientiertes, abstraktes und vernünftiges Schlussfolgern, welches unter Zusammenführung verschiedener Teilkompetenzen zu zielgerichtetem, verständnisvollem Handeln führt, um sich selbst oder sein Umfeld zu beeinflussen und gegebenenfalls von sich selbst oder vom Umfeld reflektiert und akzeptiert werden zu können."

Die Definition wird nun aufgeteilt. Die einzelnen Teile werden in vergleich mit den Möglichkeiten der Technik, dem neuronalen Netzwerk, gesetzt.

3.1.1 Erster Teil

„Ein mit technischen Mitteln, am natürlichen Denkprozess orientiertes, abstraktes und vernünftiges Schlussfolgern."

3.1.1.1 Technische Mittel und natürlicher Denkprozess

Das Neuronale Netzwerk erfüllt den Punkt technische Mittel klar, da es nicht natürlichem Ursprungs ist und von Menschen durch Technik geschaffen wurde. Zur Evaluierung des natürlichen Denkprozesses, muss dieser nun erläutert werden.

Der natürliche Denkprozess, speziell die Vorgänge des Gehirns sind nicht zur Gänze Erforscht. Aus Biologischer Sicht ergibt sich derzeit ein vereinfacht dargestelltes Schema, siehe Abbildung 7.[17]

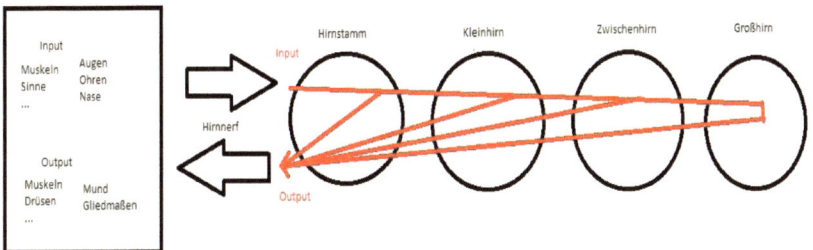

Abbildung 7: Schematischer Ablauf von Input zu Output im Gehirn.

Die Signale der Inputs werden in elektrischer form über 12 Hirnnerven mit den Nervenzellen des Hirns Verbunden. Die einzelnen Teile des Hirns haben jeweils eine filternde Funktion und auch die Möglichkeit ohne dem Großhirn Handlungen zu setzen. Zum Aufgabenbereich des Hirnstammes gehören: Steuerung der autonomen Prozesse und setzen von Reflexhandlungen. Wird auf eine heiße Herdplatte gegriffen, konsultiert der Hirnstamm nicht erst das Großhirn. Das Großhirn bekommt eine Information, Herdplatte heiß, erst nachdem die Reflexhandlung abgesetzt wurde. Das Kleinhirn ist das Bewegungs-, Gleichgewicht- und Koordinationszentrum. Es steht in ständiger Verbindung mit den im Ohren angelegten Gleichgewichtsorganen. Das Zwischenhirn ist ein Bindeglied zwischen elektronischen und chemischen Signalen. Es ist für Schmerzempfindung und Temperaturregulation verantwortlich. Das Großhirn ist die oberste Kontrollinstanz. Es kann, dem Menschen, bewusste Handlungen absetzen und ist in Hirnrinde und assoziative Felder unterteilt. In der Hirnrinde finden sich die primären Felder. Zu diesen zählen der visuelle Cortex und der auditorische Cortex. Die assoziativen Felder enthalten unter anderem das Gedächtnis und die Sinnesfusion. Eine bewusste Aktion wird durch das Zusammenspiel von primären Feldern und assoziativen Feldern ausgelöst. [17] Durch diese Betrachtung ist auch die Beantwortung des zweiten Aspektes möglich. Die Neuronen eines neuronalen Netzwerkes verfügen über vereinfachten Eigenschaften, doch sind sie des Menschen nachgebildet. Auch wenn ein Neuronales Netzwerk nur stark vereinfacht Aufgaben lösen kann, so könnte es Hirnfunktionen nachahmen. Der visuelle Cortex kann Bilder verarbeiten und mit Hilfe des Gedächtnisses ein Bild erkennen. Ein trainiertes neuronales Netzwerk verfügt auch über eine ähnliche Eigenschaft.

3.1.1.2 Abstraktes und vernünftiges Schlussfolgern

Dieser Punkt wird durch ein neuronales Netzwerk nicht erfüllt. Laut Definition von Alan Turing ist das Schlussfolgern eine Aufgabe des top-down Ansatzes, siehe 1.1.2. Um diesen

Punkt zu erfüllen müsste ein Neuronales Netzwerk über ein abstraktes und ethisches Verständnis verfügen. Das Netz könnte zwar ein Muster erlernen und teilweiße Abstraktion vorspielen aber diese nicht explizit benutzen.

Um einem neuronalen Netzwerk Vernunft beizubringen, braucht es ein ethisches Verständnis, auch wenn dieses nur auf den Asimov'schen Robotergesetzen aufbaut.

3.1.2 Zweiter Teil

„unter Zusammenführung verschiedener Teilkompetenzen zu zielgerichtetem, verständnisvollem Handeln führt."

3.1.2.1 Zusammenführung verschiedener Teilkompetenzen

Wie in 1.1.4 beschrieben wird auf die Teilkompetenzen aus 1.1.3 referenziert. Ein neuronales Netzwerk kann im Moment keine soziale-, noch emotionale Intelligenz trainieren, dadurch wird dieser Punk nicht erfüllt.

3.1.2.2 Zielgerichtetes verständnisvolles Handeln

Durch das in 1.1.4 erläuterte verständnisvolle Handeln, hat ein neuronales Netzwerk auch diesen Punkt nicht erfüllt. Laut Definition muss eine künstliche Intelligenz sich selbst wahrnehmen können und aufgrund der eigenen Umstände handeln. Es muss ein Ziel erschaffen und verinnerlicht werden. Es muss ein künstlicher Wille muss erzeugt werden welcher dem Denkprozess der künstlichen Intelligenz entspringt und der Erfüllung des Ziels unterworfen ist. Außerdem muss dieser künstliche Wille einen eigenen Denkprozess starten um analytisch oder kreativ das Ziel zu erfüllen.

3.1.3 Dritter Teil

„um sich selbst oder sein Umfeld zu beeinflussen und gegebenenfalls von sich selbst oder vom Umfeld reflektiert und akzeptiert werden zu können."

3.1.3.1 sich selbst oder sein Umfeld beeinflussen

Ein neuronales Netzwerk würde diesen Punkt erfüllen. Die Beeinflussung von sich selbst kann mit der Anpassung der Gewichtungen begründet werden. Dieser Prozess entsteht nicht aus einem Denkprozess heraus, sondern viel mehr aus einem vordefinierten Ablauf wie Backpropagation. Trotzdem ist es eine Veränderung des eigenen Denkmusters und somit eine Beeinflussung von sich selbst.

Das neuronale Netzwerk kann sein Umfeld beeinflussen indem es einen Output liefert. Es ist nicht von Wichtigkeit ob dieser korrekt oder falsch ist. Wenn ein neuronales Netzwerk trainiert ist einen Ball zu werfen mittels Roboterarm, ist es nicht nötig das Ziel zu treffen, sondern die Beeinflussung würde durch bloßes greifen oder werfen des Balles zustande kommen.

3.1.3.2 Sich selbst oder vom Umfeld reflektiert werden

Eine Selbstreflektion kann einerseits eines ethischen oder eines analytischen, zielerfüllenden Punktes entspringen. Ein neuronales Netzwerk kann eine zielerfüllende, analytische Selbstreflektion nur begrenzt durchführen, es hat selbst kein Ziel. Das Ziel wird dem Netzwerk vorgegeben. Trotzdem kann es beim supervised learning erkennen in welche Richtung es sich verändern muss um das Ziel zu erreichen. Eine auf Ethik basierende Selbstreflektion ist nicht möglich, da wie in 3.1.1.2 beschrieben, kein ethisches Verständnis besteht. Folgend kann man argumentieren, dass dieser Punkt nur teilweise erfüllt wird.

Um einem neuronalen Netzwerk die Fähigkeit zu geben vom Umfeld reflektiert werden zu können, muss es ein Interface zwischen diesen beiden Instanzen geben. Bei der Reflektion von Menschen kann dies über Sprache, Texteingabe oder Zeichen sein. Die künstliche Intelligenz müssten darüber hinaus die Kritik interpretieren können, um daraus eine Handlung abzuleiten.

3.1.3.3 Von sich selbst oder vom Umfeld akzeptiert werden

Damit die künstliche Intelligenz die Möglichkeit besitzt das eigene Verhalten zu akzeptieren oder nicht zu akzeptieren, muss es die Fähigkeit besitzen eigene Aktionen kritisch zu betrachten. Ein neuronales Netzwerk erfüllt diese Anforderung nicht.

Um vom Umfeld akzeptiert zu werden, muss es in der menschlichen Gesellschaft akzeptiert werden obwohl es kein Mensch ist. Hunde werden akzeptiert auch wenn sie nicht immer gehorchen. Die Akzeptanz von künstlichen Intelligenzen in der Gesellschaft kann zu diesem Zeitpunkt noch nicht evaluiert werde.

4 Resümee

Infolge der unter Punkt 3 ausgeführten Argumentation, würde ein neuronales Netzwerk, im Bezug zum Menschen, nicht als künstliche Intelligenz angesehen werden. Dies hat zur Folge, dass die Evaluierung gegenüber dem menschlichen Niveau unabhängig davon ausgeführt wird.

In der unter 1.2.4 beschriebenen Definition ist das menschliche Niveau bereits in vielen Teilen überschritten oder erreicht. Jedoch nur von Computerprogrammen, aber nicht von einer künstlichen Intelligenz.

Die Antwort auf die Frage ob es möglich ist künstliche Intelligenz auf menschliches Niveau zu bringen kann im Moment nicht beantwortet werden. Da es noch keinen vertretbaren Ansatz zur Erfüllung der Definition unter 1.1.4 gibt. Folglich ist die Technik noch nicht ausgereift und das Denken zu wenig erforscht.

Derzeit ist das neuronale Netzwerk ein erster großer Schritt in eine Richtung, doch dies wirft die Frage auf ob die Wissenschaft nicht zu sehr versucht einen Ornihopter zu bauen um zu fliegen, anstatt eines Flugzeuges.

Literaturverzeichnis

[1]   Bibliographisches Institut GmbH, 2014. Duden - Die deutsche Rechtschreibung, 26. Auflage, Pößneck: GPP Media GmbH. ISBN 978-3-411-04650-8

[2]   NILSSON, Nils J., 2009. The Quest for Artificial Intelligence. A History of Ideas and Achievements. New York: Cambridge University Press. ISBN-13 9780521122931

[3]   COPLAND, Jack, 2000. What is Artificial Intelligence? [online]. Top-Down AI vs Bottom-Up AI. Jack COPELAND, 2017 [Zugriff am: 27.02.2017]. Verfügbar unter: http://www.alanturing.net/turing_archive/pages/Reference%20Articles/What%20is%20AI.html

[4]   WAHLSTER, Wolfgang, 2016. Künstliche Intelligenz: Overhyped oder unterschätzt? - CeBIT future talk. Interview durch Robert THIELICKE. In: Youtube [online]. 14.03.2016 [Zugriff am: 27.02.2017]. Verfügbar unter: https://www.youtube.com/watch?v=77QhkWNOqS8

[5]   GARDNER, Howard, 1989. Dem Denken auf der Spur: Der Weg der Kognitionswissenschaft. Stuttgart: Klett-Cotta ,Original erschienen 1987 (Rev. ed.): The mind's new science: A history of the cognitive revolution. New York, NY: Basic Books. ISBN 3-608-95866-5

[6]   ROBERTSON, S. Ian, 2001. Problem Solving. East Sussex: Psychology Press Ltd. ISBN 0-415-20300-7

[7]   LUHMANN, H.J., 2009. Sensomotorische Systeme: Körperhaltung und Bewegung. In: Klinke R., Pape H.C., Kurtz A., Silbernagl S., Lehrbuch Physiologie. 6., vollst. überarb. Aufl. Stuttgart, New York: Thieme. ISBN 978-3-13-796006-5

[8]   GINSBURG, Herbert, OPPER, Sylvia, 1969. *Piaget's theory of intellectual development. An introduction.* Deutsche Übers.: *Piagets Theorie der geistigen Entwicklung* (9. Aufl.). Klett-Cotta Verlag, Stuttgart 2004. ISBN 3-608-91909-0.

[9]   BRYNJOLFSSON, Erik, MCAFEE, Andrew, 2014. The Second Machine Age: Work, Progress, and Prosperity in a Time of Brilliant Technologies. New York: W. W. Norton & Company, Inc. 2014. ISBN 978-0-393-23935-5

[10]   GARDNER, Howard, 1999. Intelligence Reframed, Multiple Intelligences for the 21st Century. Basic Books, New York: 1999, ISBN 0-465-02610-9.

[11]   GOLEMAN, Daniel, 1996. Emotionale Intelligenz. München: Hanser, 2011. ISBN 978-3-423-19527-0.

[12]   STIELER, Wolfgang, 2015. Der ultimative Turing-Test. In: Heise online [online]. 09.02.2015 [Zugriff am: 28.02.2017]. Verfügbar unter: http://heise.de/-2543067

[13]   BIEDERBECK, Max, 2014. Erzähl, Maschine! Der Lovelace-2.0-Test soll kreative Intelligenz bei Computern nachweisen. In: Wired [online]. 23.12.2014 [Zugriff am: 28.02.2017]. Verfügbar unter: https://www.wired.de/collection/tech/ein-neuer-test-soll-nachweisen-wie-intelligent-computerprogramme-sind

[14]   AIGNER, Florian, 2015. Was heißt hier Intelligenz?. In: TU Wien news [online]. 10.09.2015   [Zugriff   am: 28.02.2017].   Verfügbar   unter: https://www.tuwien.ac.at/aktuelles/news_detail/article/9654/

[15]   HEATON, Jeff, 2012. Introduction to the Math of Neuronal Networks. Chesterfield: Heaton Research, Inc., 2012. ISBN 978-1475190878

[16]   HEATON, Jeff, 2013. AIFH, Volume 1: Fundamental Algorithms. Chesterfield: Heaton Research, Inc., 2013. ISBN 978-1493682225

[17]   Breidbach, Olaf, *Hirn, Hirnforschung.* In: Werner E. Gerabek, Bernhard D. Haage, Gundolf Keil, Wolfgang Wegner (Hrsg.): *Enzyklopädie Medizingeschichte.* De Gruyter, Berlin, 2005. ISBN 3-11-015714-4

Abbildungsverzeichnis